Inhalt

Markenberatung - Das neue Terrain für Werbeagenturen

Kernthesen

Beitrag

Fallbeispiele

Weiterführende Literatur

Impressum

GENIOS WirtschaftsWissen Nr. 05/2003 vom 13.05.2003

Markenberatung - Das neue Terrain für Werbeagenturen

E.Krug

Kernthesen

- Durch die allgemeine Werbekrise sehen sich Agenturen gezwungen, ihr Betätigungsfeld zu erweitern. Eine mögliche Alternative stellt die Kombination von Werbung, Kommunikation und Markenberatung unter einem Dach dar. (1), (2), (3), (4)
- Trotz deutlicher Sparmaßnahmen im Bereich Marketing sind viele Unternehmen durchaus dazu bereit, für Markenberatung Geld auszugeben, da in der heutigen Hochkonjunktur für Discounter eine gute Markenstrategie höchst wertvoll ist. (1)

- Nicht nur Werbeagenturen, sondern auch klassische Consultants machen den Markenberatern zunehmend den Markt streitig. (1), (5)

Beitrag

Die schlechte Konjunktur wirkt sich über die gesunkenen Werbeetats auf die wirtschaftliche Lage der Agenturen aus. Wen wundert es also, wenn sich diese bemühen, einen eigenen Weg aus der Werbekrise zu suchen.

Einige Agenturen versuchen sich bereits seit geraumer Zeit im Consulting und diese Versuche haben sich mittlerweile zu einem aktuellen Thema entwickelt. Zwar haben heute noch nicht mal ein Drittel der großen Agenturen eigene Beratungs-Töchter, dennoch hat sich die Situation verändert und wird von Seiten der Markenberater äußerst kritisch betrachtet. (1), (5)

Was spricht für eine Markenberaterfunktion der Agenturen?

Die zur amerikanischen Omnicom-Holding gehörende BBDO-Gruppe (Düsseldorf) ist schon seit längerem mit der Tochter BBDO-Consulting im Bereich Markenberatung erfolgreich tätig. Obwohl auch bei der BBDO-Gruppe im Jahr 2002 der Umsatz im Bereich Werbedienstleistungen gesunken ist, konnte die in Deutschland führende Kommunikationsagenturgruppe den Gesamtumsatz steigern, was zum Großteil an den positiven Geschäftsabschlüssen im Beratungs-Bereich lag. (1), (2), (4) (vgl. Cases)

Für andere Agenturen kann dies ein guter Grund sein, dem gleich zu tun und zusätzlich zu ihren klassischen Dienstleistungen auch noch Markenberatung anzubieten, um sich aus dem bestehenden Umsatzdilemma der Agenturbranche zu retten.

Im Jahr 2002 mussten die 200 größten deutschen Kommunikationsagenturen einen durchschnittlichen Umsatzverlust von 1,8 Prozent hinnehmen. (6), (7) Beim Werbebudget wird also nach wie vor eingespart; nicht so bei den Marketingstrategien. Hat sich doch die zunehmende Aldisierung zu einem massiven Problem für die Unternehmen entwickelt und das Thema Markenwert ist zur Chefsache herangewachsen.

Hier können nun die großen Agenturen ansetzen, indem sie eigene Beratungs-Töchter gründen. Die kleineren Agenturen können ihre interne Struktur nachbessern und selbst zusätzliche Beraterfunktionen übernehmen. In einer sehr langen Kundenbeziehung hat sich zwischen einem Unternehmen und seiner Agentur häufig ein stabiles Vertrauen aufgebaut. Die Agentur hat sich fundierte Kenntnisse über das Unternehmen angeeignet, sodass es absolut logisch erscheint, dass sie ihren Kunden zusätzlich strategisch berät.

Die Beraterfunktion zahlt sich durchaus aus, da üblicherweise Beratung mit lohnenden Tagessätzen abgerechnet wird. Außerdem ist der Beratungsbedarf weniger von den Konjunkturzyklen klassischer Werbung abhängig. So kann dieses zusätzliche Dienstleistungsangebot den Agenturen einen festeren Stand auf einem zweiten Bein liefern. (1)

Mit welchen Problemen müssen sich die Agenturen als Markenberater auseinandersetzen?

Ein großes Problem scheint die personelle Besetzung

der Aufgabe zu sein, da es sehr schwer ist, gute Mitarbeiter für strategische Planung zu finden. Da Beratung aber nur auf einer starken Vertrauensbasis funktionieren kann, sind exzellente Mitarbeiter eine wichtige Voraussetzung für ein erfolgreiches Ergebnis. (1)

Manche Agenturen überschätzen ihre eigenen Fähigkeiten und können nur halbherzige Zusatzleistungen anbieten. Entsprechend gestaltet sich dann das Zusammenwirken der eigentlichen Agenturarbeit und der Beraterarbeit weniger erfolgreich als erhofft. (1)

Die Agenturen müssen also damit rechnen, in der Branche besonders unter die Lupe genommen zu werden: Die klassischen Markenberater haben Bedenken, dass die Beratungsfunktion der Agenturen fiktiv ist und eigentlich nur dazu dienen soll, das Hauptgeschäft Kommunikation und Werbung besser zu verkaufen. So stellt sich ihnen die Frage, ob es sich wirklich um seriöse Partner handelt oder ob die Kunden getäuscht werden sollen? (5)

Skeptiker vermissen bei den Agenturen auch die nötigen Erfahrungswerte in operativer Markenführung. Sie befürchten, dass die Mitarbeiter eine Marke in ihrer Gesamtdimension nicht richtig erfassen können und dass es ihnen an umfangreichen

Informations-, Forschungs- und Analysegrundlagen fehlt, die für eine strategische Markenberatung äußerst wichtig sind. (1), (5)

Ein weiteres Problem ergibt sich durch die Konkurrenzsituation auf dem Markt der Markenberater. Nicht nur Werbeagenturen drängen in diesen Markt, sondern auch Unternehmensberater. Allerdings entsteht hier kein wirklich brisanter Konkurrenzkampf zwischen klassischen Consultants und Beratern aus Agenturen, da die Vorgehensweise und Voraussetzungen zu unterschiedlich sind. (1)

Fallbeispiele

Beispiele für Agenturen, die bereits mit Consulting-Töchtern in der Markenberatung Fuß gefasst haben

BBDO-Gruppe Deutschland mit BBDO-Consulting:

Honorarumsatz 2002: 16 Mio. Euro
Mitarbeiter: 70
Spielt mit einem Wachstum von 25 Prozent eine beachtliche Rolle im BBDO-Verbund.
Bereits im vergangenen Jahr wurden Niederlassungen der BBDO-Consulting in Spanien und USA eröffnet. (1), (4)

TBWA mit der Consulting-Tochter TBWA/Power:

Gegründet: Dezember 2002
Mitarbeiter: 16 (1), (4)

McCann-Erickson mit Future Brand:

Gestartet als Design-Agentur
Mittlerweile: beherbergt achtköpfige Berater-Truppe
Umsatz 2002: ca. sechs Mio. Euro
Bei einem Wachstum von 15 Prozent ist Future Brand eine der erfolgreichsten McCann-Töchter.
Seit Frühjahr 2002: begleitet Eurocard beim Namenswechsel zu MasterCard. (1), (4)

Werbeagentur als Markenberater

Consellgruppe, Frankfurt:

Erfolgreiche Zusammenarbeit mit dem Fleisch- und Wurshersteller Zimbo seit zwei Jahren in Markenberatung, Produktneuentwicklungen und Verpackungsgestaltungen.
Ergebnis: Zweistelliges Absatzplus bei Zimbo
Ein weiterer Erfolg der Agentur nach der Zusammenarbeit mit z. B. Visa, Wagner Pizza, Frosch.
(8)

Weiterführende Literatur

(1) Die neuen Markenberater
aus werben & verkaufen Nr. 07 vom 14.02.2003 Seite 050

(2) BBDO-Gruppe kompensiert Werbeeinbruch Marktführer wächst mit Spezialdiensten um 5,1 Prozent
aus FTD Financial Times Deutschland vom 25.02.2003, Seite 7

(3) Notwendige Klärung
aus werben & verkaufen Nr. 12 vom 21.03.2003 Seite 023

(4) Die Durststrecke dauert länger als erwartet
aus HORIZONT 13 vom 27.03.2003 Seite 026

(5) "Ein schlechter Witz"
aus werben & verkaufen Nr. 09 vom 28.02.2003 Seite 044

(6) Durchs Tal der Tränen
aus HORIZONT 14 vom 03.04.2003 Seite 016

(7) Durchhalten
aus HORIZONT 13 vom 27.03.2003 Seite 016

(8) Zimbo Consell erhält festen Vertrag
aus Der Kontakter Nr. 12 vom 17.03.2003 Seite 006

Impressum

Markenberatung - Das neue Terrain für Werbeagenturen

Bibliografische Information der deutschen Nationalbibliothek

Die Deutsche Nationalbibliothek verzeichnet diese Publikation in der deutschen Nationalbibliografie; detaillierte bibliografische Daten sind im Internet über http://dnb.d-nb.de abrufbar.

ISBN: 978-3-7379-0830-6

© 2015 GBI-Genios Deutsche Wirtschaftsdatenbank GmbH, Freischützstraße 96, 81927 München, www.genios.de

Alle Rechte vorbehalten. Dieses Werk ist einschließlich aller seiner Teile – z.B. Texte, Tabellen und Grafiken - urheberrechtlich geschützt. Jede Verwertung außerhalb der Grenzen des Urheberrechtsgesetzes bedarf der vorherigen Zustimmung des Verlags. Dies gilt insbesondere auch für auszugsweise Nachdrucke, fotomechanische Vervielfältigungen (Fotokopie/Mikroskopie), Übersetzungen, Auswertungen durch Datenbanken oder ähnliche Einrichtungen und die Einspeicherung und Verarbeitung in elektronischen Systemen.